AF343317

Lettres patentes en FORME D'EDICT DV ROY, POVR LA REVOCATION

de la leuée des trente pour cent, Imposez par les Roy d'Espagne, & Archiducs de Flandres, sur les marchandises portez de ce Royaume, és pays de leur obeissance, ou qui s'apportoient d'iceux en cedit Royaume.

Auec main leuée de l'interdiction cy deuant faire par le Roy, à ses subiects du trafic & commerce esdits pays.

Publiées à Rouen en Parlement, le vingtdeuxiéme iour de Nouembre, mil six cens quatre.

A ROVEN,

Chez Martin le Mesgissier, Libraire & Imprimeur ordinaire du Roy, au haut des degrez du Palais.

1604.

Auec Priuilege dudit Seigneur.

HENRY par la grace de Dieu Roy de France & de Nauarre. A tous presens & aduenir, Salut. Ayant esté reconneu que l'imposition cy deuant mise par nos tres-chers freres le Roy d'Espaigne, & les Archiducs de Flandres de trente pour cent, sur les marchandises qui y pouuoient estre portees de ce Royaume, ou que de leurs pays & estats estoient apportees en iceluy, comme pareillement les deffences qui en suitte & consequence de ladite imposition auoient par nous esté faites à tous nos subiects de traffi-

quer és pays & estats desdits Princes,
alteroient du tout le commerce qui
souloit estre entre nos Estats, & qui
est l'vn des meilleurs & plus fermes
lieux de l'entretenement de la paix, ce
que nostre tressaint Pere le Pape
ayant bien consideré, & que cela auec
le temps pourroit faire & attirer de pi-
res consequences auroit pris soin pour
la paternelle affection qu'il nous apporte à la continuation de ladite paix,
& au bien & repos de nosdits Estats,
de nous exhorter tous par les saintes
admonitions de faire cesser tous les
differens suruenus par ses publications
susdites, & rendre au commerce la li-
berté qui auroit tousiours esté depuis
ladite paix. Comme aussi nostre tres-
cher frere le Roy d'Angleterre, auroit
voulu faire enuers nous ce mesme office, qui auroit esté cause que nous
nous serions vnanimement resolus de

faire traicter par nos Ministres sur lesdits differens qu'ils auroient en fin terminez par vn mutuel accord & conuention que nous aurions depuis respectiuement ratifié. Et desirant de nostre part qu'il soit inuiolablement gardé & obserué, & à cest effet qu'il soit commun & notoire à tous : Sçauoir faisons que par nostre Cousin le Sieur Marquis de Rosny grand Maistre & Capitaine general de l'Artillerie de France, & le Sieur de Sillery Conseiller en nostre Conseil d'Estat de nostre part, & de celles de nosdits freres les Roys d'Espaigne, & Archiducs Dom Baltazar de Cuuiga, l'Ambassadeur dudit Roy d'Espagne, & le Senateur Alexandre Rouidius ont esté traictez, accordez, signez, & depuis respectiuement confirmez & ratifiez comme dit est, les articles desquels la teneur ensuit.

Premierement, Il a esté accordé que de part & d'autre & en mesme iour : seront ostez, leuez par lesdits Roy & Archiducs les placarts publiez pour l'imposition de trente pour cent, & interdiction du commerce.

Item a esté conuenu que ledit Sieur Roy Tres-Chrestien defendra par Edict public, incontinent apres la publication des presens articles, que aucuns de ses subiects vassaux ou regnicolles, n'enleue ou transporte directement ou indirectement en quelque sorte & maniere que ce soit, en son nom ou celuy d'autruy, & ne preste son nom ny aucun vaisseau, nauire, ou chariot pour porter ou conduire nauires, marchandises, manufactures, ou autres choses des Prouinces de Hollande & Zelande en Espa-

gne, ou autres Royaumes & Seigneuries defdits Roy d'Efpagne & Archiducs, & ne charge en fes vaiffeaux
pour tranfporter efdits pays aucuns
marchands Hollandois & Zelandois
fous l'indignation de fa Maiefté, &
autres peines portées par fes ordon-
nances contre les infracteurs d'icelles.
Et afin d'empefcher les fraudes qui fe
pourroient enfuiure, à caufe de la ref-
femblance de marchandifes. Il a efté
arrefté par le prefent article, que les
marchandifes de France qui fe tranf-
porteront & conduiront aux Royaumes & pays defdits Roy Catholique
& Archiducs, feront enregiftrées &
fellées du fceau de la ville d'ou elles feront enleuées, & ainfi enregiftrées
& marquez, feront tenuës & repu-
tées pour marchandifes Françoifes, &
comme telles approuuées & admifes,

sauf à prouuer la fraude sans retarder ne empescher toutesfois le cours des marchandises & vaisseaux : & quand aux marchandises qui ne seront enregistrées & marquées, elles seront confisquées & declarées de bonne prise. Semblablement aussi tous Hollandois & Zelandois qui seront trouuez dans lesdits Nauires, pourront estre pris & arrestez.

ITEM a esté accordé que pour le regard des marchandises que les marchands François achepteront en Espagne, & autres pays dudit Roy Catholique, & qui se transporteront dans leurs propres Nauires, ou autres loüez & empruntez pour leur vsage, excepté toutesfois les Nauires Hollandois ou Zelandois, comme il est dit cy dessus, ne payeront point ladite

imposi-

imposition de trente pour cent, pour-
ueu qu'ils la conduisent au pays dudit
Roy Tres-Chrestien, ou aux ports de
l'obeissance desdits Archiducs, ou autres lieux & endroits non deffendus
par le placart sur ce fait : Et a fin d'eui-
ter à toutes fraudes & que lesdites
marchandises ne soyent transportées
ailleurs, & speciallement en Hollande & Zelande. A esté resolu que lesdits marchands au mesme temps
qu'ils chargeront leurs Nauires en Espagne, ou autres Royaumes & Seigneuries de l'obeissance desdits Roy
Catholique & Archiducs, s'oblige-
ront par deuant le Magistrat d'ou lesdites marchandises seront enleuées de
payer ladite imposition de trente
pour cent, en cas qu'ils les transpor-
tent en autres lieux, & de rapporter
dans vn an certificat du Iuge des lieux
ou lesdites marchandises auront esté

deschargées soit au Royaume de
France, ou aux ports & Haures desdits
Archiducs, ou autres non deffendus
par ledit placart, lequel certificat estát
rapporté, les obligations sur ce faites,
seront renduës & demeureront nulles.
Il a esté aussi accordé que le Roy tres-
Chrestien, apres la publication du
present accord, deffendra qu'aucun
ne transporte des marchandises d'Espagne, ou d'autre pays dudit Roy Catholique, ailleurs qu'en ses Royaumes
& esdits ports & Haures de Flandres
& lieux cy dessus specifiez, ou autres
non deffendus par ledit placart, à peine de confiscation desdites marchandises au profit dudit Roy Tres-Chrestien, dont la moitié ou la valleur appartiendra au denonciateur dedu-
ction prealablement faite dudit droit
de tréte pour cét, lequel sera payé aux
Commissaires depputez par ledit Roy

Catholique, foy estant adioustée aux
preuues legitimemét reçeuës en Espagne, & enuoyées en France en forme
authentique, sauf les exceptions & de-
fences contre lesdites preuues. Et mesme a esté accordé qu'aucun Magistrat des lieux & villes desdits Royaumes, qui baillera certificat de la des-
charge des Nauires, ou de l'enregistre-
ment des marchandises, n'y commet-
tra aucunes fraudes à peine d'encou-
rir l'indignation de sa Maiesté, d'estre
priué de son office & de plus griefue
punition si elle y eschet. Et par ce que
l'intention desdits Princes est de pro-
curer que le commerce d'entre leurs
subiects leur apporte plus de commo-
dité & vtilité, ils donneront ordre au-
tant qu'en eux sera, que les chemins
soient ouuerts à l'entrée & sortie de
leurs ports, Royaumes, & Seigneuries,
afin que leursdits subiects puissent

plus libremēt aller & venir auec leurs marchandiſes. Et pour le regard de la reuocation des daces impoſées à Calais depuis le traicté de Veruins, ſur les marchandiſes qui ſont tranſportées d'Eſpagne en Flandres, & de Flandres en Eſpagne. Ceſt article ayant deſia eſté arreſté à l'inſtance du Cardinal del Buffalo, au nom de ſa ſaincteté, il ſera executé ſelon ſa forme & teneur. Tous les articles cy deſſus ſpecifiez ſeront reciproquement publiez auec ce qui eſt contenu, & ſera la ratification deſdits Princes ſollicitée, afin que la publication s'en face en meſme iour de part & d'autre quarante iours apres la dabte des preſentes. Fait le douziéme iour d'Octobre mil ſix cens quatre. Signé Maximilian de Bethune, N. Brulart de Sillery, Dom Baltazar de Cuuiga, Alexander Rouidius. Et plus bas eſt eſcrit, veu les Articles cy deſſus.

Son Excellence eſt de meſme aduis
ſoubs l'approbation cy deſſus, le meſme an & ſaiziéme dudit mois à Arras.
Signé Iuan Deou Condeſt auec para-
phe. Si donnons en mandement à nos
amez & feaulx Conſeillers, les gens te-
nans nos Courts de Parlement, des
Aides, Baillifs, Seneſchaux, Preuoſts,
Treſoriers generaux de France, Officiers de nos Admirauté & traictes fo-
raines ou leurs Lieutenans, & autres
nos Officiers, Iuſticiers, & ſubiects
qu'il appartiendra, que chacun d'eux
endroit ſoy, ces preſentes ils facent re-
giſtrer & publier, & les articles y con-
tenus inuiolablement garder, ſuyure
& obſeruer, ſelon leur forme & teneur, ceſſant & faiſant ceſſer tous trou-
bles & empeſchemens à ce contraires.
Car tel eſt noſtre plaiſir. Et afin que
ce ſoit choſe ferme & ſtable à touſ-
iours. Nous auons fait mettre noſtre

ſéel à ceſdites preſentes , ſauf en autres
choſes noſtre droit & l'autruy en toutes. Donné à Fontainebleau ou mois
de Nouembre , l'an de grace mil ſix
cens quatre. Et de noſtre regne le ſaiziéme.

Signé,   HENRY.

Et ſur le reply,

PAR LE ROY.

POTIER.

Et ſéellé en lacqs de ſoye rouge &
verte du grand ſceau de cyre verte.

Et ſur ledit reply eſt eſcript,

Leuës , publiées , & regiſtrées , oy & requerant le Procureur general du Roy , pour eſtre le contenu en icelles gardé & obſerué ſelon leur forme & teneur. A Rouën en Parlement le vingtdeuxiéme iour de Nouembre , mil ſix cens quatre.

Signé,   *CVSSON.*

DV VINGTDEVXIESME
iour de Nouembre, mil six cens quatre, à Roüen en la Court de Parlement.

*S*VR *les lettres patentes en for-me d'Edit données à Fontaine-bleau au present mois de No-uembre, pour la reuocation de la leuee des trente pour cent, imposez par les Roy d'Espagne & Archiducs de Flandres, sur les marchandises portez de ce Royaume, és pays de leur obeyssance, ou qui s'appor-toient d'iceux en cedit Royaume, auec main leuee de l'interdiction cy deuant faite par le Roy à ses subiects, du traffic & commerce esdits pays soubs les conditions contenuës aux articles inserez ausdites lettres, apres*

qu'elles ont esté iudiciairement leuës &
publiees, & oy le Procureur general du Roy.

La Court a ordonné & ordonne que sur
le reply desdites lettres, sera mis qu'elles ont
esté leuës, publiees, & regiſtrees és regiſtres
de ladite Court, oy & requerant le Procureur general du Roy, pour eſtre le contenu
en icelles gardé & obſerué ſelon leur forme
& teneur, & que les vidimus d'icelles
Imprimez, ſeront enuoyez par les Baillia-
ges & iuriſdictions de ce reſſort, pour y eſtre
pareillement leuz, publiez, & regiſtrez,
meſmes publiez ſur les quays de ceſtedite
ville, & autres ports & haures de cedit reſſort, à ce qu'aucun n'en pretende cauſe d'i-
gnorance.

Signé,   CVSSON.